AF459779

Vert

# LES GÉMEAUX,

PARODIE

DE

# CASTOR ET POLLUX,

*EN TROIS ACTES,*

ARIETTES ET VAUDEVILLES.

(1)

(Par Gondot, d'après Barbier)

# LES GÉMEAUX,

## PARODIE DE CASTOR ET POLLUX;

EN TROIS ACTES,

ARIETTES ET VAUDEVILLES,

AVEC

SPECTACLE ET DIVERTISSEMENS;

*Représentée par les Comédiens Italiens ordinaires du Roi, en 1777.*

Prix 30 sols.

A PARIS,
CHEZ la Veuve DUCHESNE, Libraire, rue Saint-Jacques, au Temple du Goût.

M. DCC. LXXVII.
*Avec Approbation & Permission.*

| *PERSONNAGES.* | ACTEURS. |
| --- | --- |
| CASTOR. | *M. Michu.* |
| POLLUX. | *M. Narbonne.* |
| LYNCÉE. | *M. Labluxiere.* |
| TÉLAÏRE. | *M^me^. Trial.* |
| PHEBÉ. | *M^lle^. Moulinghen.* |
| CLÉONE. | *M^lle^. Desglands.* |
| JUPITER. | *M. Suin.* |
| MERCURE. | *M. Trial.* |
| PLUTON. | *M. Thomassin.* |
| LE GRAND PRÊTRE de Jupiter. | *M. Menier.* |
| M. TRIFAUCET, premier Chanteur du Concert de Pluton. | *M. Gaillard.* |
| CHŒUR DE PRÊTRES. | |
| CHŒUR DE COMBATTANS. | |
| CHŒUR DE DÉMONS. | |
| CHŒUR DE PLAISIRS. | |
| GRACES. | *Mlles. Lefevre.* |
| OMBRES. | *Mlles. Dugazon, Adeline, Fayel, Desbrosse, & Lefevre.* |
| HERAULT D'ARMES. | *M. Corali.* |
| PLEUREUSES. | *Mlles. Fayel, Dugazon & Adeline.* |
| MUSICIENS. | |
| UN TIMBALLIER. | |

*La Scène est dans un Sallon préparé pour un Festin.*

# LES GÉMEAUX,

## *PARODIE.*

## ACTE PREMIER.

### SCENE PREMIERE.

PHEBÉ, CLÉONE.

CLÉONE *avec enjoûment.*

AIR: *Nous jouissons dans nos hameaux.*

VOTRE sœur va se marier,
C'est, dit-on, un caprice
Qui prit au Roi, mardi dernier,
Jour du feu d'Artifice.
De la Princesse, apparemment,
Les roses dispersées,
Pour éclorre attendoient l'instant
Qu'on tirât des fusées.

PHEBÉ.

AIR : *Toujours va qui danse.*

L'on n'a pas signé le contrat
Il faudra ma signature.

CLÉONE.

Oh ! Madame, on s'en passera.

PHEBÉ.

Tant-pis, pour la future,
En me manquant, elle craindra
Peut-être la revanche,
Et l'on est bien fort, quand on a
Le Diable dans sa manche.

✣

AIR : *M. le Prévôt des Marchands.*

Il est vrai qu'on ne conçoit pas
Quel est ce Galimathias :
Ils sont tous foux dans ma famille !
Castor s'arrache les cheveux ;
Dis-moi donc ce que cette fille...
Peut avoir de si merveilleux ?

✣

AIR : *De s'engager il n'est pas difficile.*

Air chiffonné, mine & ton de folie,
Elle possede l'art de tout charmer.
Tandis que moi... mille fois plus jolie,
D'un ingrat je n'ai pû me faire aimer.

✣

CLÉONE.

AIR : *Amis, sans regretter Paris.*

Vous avez un autre secret,
Vous commandez au Diable.

PHEBÉ.

Que n'est-ce à l'Amour ?

CLÉONE.

En effet,
Il seroit plus aimable.

AIR : *De tous les Capucins du monde.*

Ces Messieurs, sçavans en Magie,
Possédent la Négromancie :
Demandez leurs quelques attraits,
Qui de Castor tournent la tête ?

PHEBÉ, *se mettant en colere.*

Le Diable en donne-t-il jamais :
C'est raisonner comme une bête.

CLÉONE.

AIR : *Ton humeur est Catherine.*

Mais la nôce une fois faite,
Castor va vous revenir ?

PHEBÉ.

Non, ma sœur est trop coquette,
Pour ne pas le retenir.

Pollux eſt un imbécille,
Qui ne ſçait ſe décider,
Et Caſtor aſſez habile
Pour ſe la faire céder.

CLÉONE.

AIR : *Joconde.*

Comment, vous croyez que le Roi
Céderoit ſa Maitreſſe ?

PHEBÉ.

Oui, certainement je le croi;
Je connois ſa foibleſſe.
Mais ſi Caſtor ſe croit permis
D'être avec moi ſi leſte,
Il pourra bien s'y trouver pris;
Je me tais ſur le reſte.

CLÉONE.

AIR : *Amis, ſans regretter Paris.*

Je n'approuve pas la fureur
Que l'amour vous ſuggère,
Votre ſort ſera-t-il meilleur ?

PHEBÉ.

Ce n'eſt pas ton affaire.

## CLÉONE.

AIR : *Ma chere mere, que je révère.*

Quand on eſt fille,
Qu'on eſt gentille,
Qu'on a vingt ans,
Peut-on manquer d'Amans ?
Si l'un vous quitte,
Un autre vîte
Succédera,
Je vous prédis cela.
Ce minois là,
Vous en fournira
Ce minois là,
Vous en fournira.

## PHEBÉ, *en colere.*

AIR : *Les Tembleurs.*

Allons voir ce qui ſe paſſe ;
De t'écouter je ſuis laſſe,
Et je te demande en grâce
De ne me flatter jamais.
Quand ici tout me tracaſſe,
Que mon Amant eſt de glace ;
Qu'ai-je beſoin que l'on faſſe
L'Éloge de mes attraits.

(*Elle ſort avec Cléone.*)

## SCENE II.

### TÉLAÏRE, *seule.*

AIR : *Je vais te voir, charmante Lise.*

J'AI dû paroître fort maussade,
Hier au cercle de la Cour,
Et j'aurois fait une incartade
Pour peu qu'on m'eut parlé d'amour.

Je sçais qu'un Sceptre, une Couronne,
Ont, sans doute, beaucoup d'appas;
Mais pourquoi faut-il qu'on me donne
Ce que je ne demande pas?

J'ai dû paroître fort maussade,
Hier au cercle de la Cour,
Et j'aurois fait une incartade,
Pour peu qu'on m'eut parlé d'amour.

(*Elle se promene en rêvant.*)

AIR : *Pour héritage.*

Pour appanage
Je n'eus jusqu'à présent,
Qu'un esprit sage
Un bon discernement.
Depuis quinze ans
J'en ai fait bon usage,
Et fille prudente a mon âge,
N'a point trois Amans.

AIR : *La farira dondaine.*

J'en crains un sur-tout,
Il est Dieu, mais comme
Chacun a son goût,
Je préfère l'homme,
Moi ;
Il n'est pas juste que le Roi
Me fasse ainsi la loi.

AIR : *Tout le long de la rivière.*

Ce qui m'inquiete
Le plus dans cela,
C'est que si je traite
Mal ces Messieurs là,
Sur celui que je préfère,
Chacun tombera,
Et que du sort d'une affaire
Le mien dépendra.

AIR : *Il étoit une fille.*

Ma sœur plus politique,
En eut fait plus de cas,
Et n'auroit pas
Cet embarras.
Mais pour moi je m'explique ;
Je n'en demande qu'un,
Cela n'est pas commun.... hum.
(*A Castor qui accourt.*)

## SCENE III.

### CASTOR, TÉLAÏRE.

CASTOR.

AIR : *Je ne vous ai vû qu'un ſeul petit moment.*

JE n'ai pour vous voir qu'un ſeul petit moment.

TÉLAÏRE.

Quoi ! vous oſez Prince ? Eh bien ! profitons-en ?

✡

CASTOR.

AIR : *La mort de mon cher pere.*

Par ordre de mon frere,
Tête-à-tête en ce lieu,
Je puis encor vous faire
Un éternel adieu ;
Je n'accuſe perſonne,
De mon malheureux ſort :
Le deſtin ſeul l'ordonne :
Le deſtin ſeul a tort.

✡

TÉLAÏRE.

AIR : *Vous m'entendez bien.*

De quoi ſe mêle le deſtin,
De ſon pouvoir eſt-il certain ?
Car ſi je me marie, . . . .

CASTOR.

Eh bien!

En restant votre amie....
Vous m'entendez bien.

TÉLAÏRE.

AIR : *Mon papa toute la nuit.*

Je me mocquerai de lui
Et de sa couronne;
Si le Roi veut aujourd'hui
M'asseoir sur le trône,
Je dirai fort bien au Roi,
Sire, .... cela brille;
Mais je reste fille moi,
Mais je reste fille.

CASTOR.

AIR : *De Catinat.*

Eh! quoi tous ces apprêts, ces fêtes, ce festin?

TÉLAÏRE.

Tout cela servira pour Monsieur le Destin.
Croit-il qu'à ses beaux yeux, pour lui faire plaisir,
J'irai sacrifier mon goût & mon desir?

✿

CASTOR.

AIR : *Les plus belles vous font la Cour.*

J'ai fait pour vous quelques Couplets,

TÉLAÏRE.

Ah! voyons, voyons : chantons-les.

CASTOR.

Je veux apprendre à vos ſujets,
A vous aimer, vous rendre
Ce que de leurs tendres reſpects
Vous avez droit d'attendre.

(*Il chante.*)

✿

AIR : *L'avez-vous vu mon bien-aimé.*

Peuples, aimez-la comme moi,
Votre charmante Reine;
C'eſt toujours la premiere loi
D'aimer ſa Souveraine.
Il eſt un amour délicat,
Amour de devoir & d'État;
Un ſentiment
Attendriſſant,
Une ineffable ivreſſe;
Que notre cœur,
Pour ſon bonheur,
Eterniſe & careſſe.

✿

J'établirai pour le prouver,
Que tout sujet doit adorer
La Majesté,
Et la beauté;
Sur-tout, lorsque tous deux ensemble;
Le plus tendre amour les rassemble.

Peuples, aimez la comme moi, &c.

Déja sur votre trône assis,
Je vois les amours & les ris
S'entre-joüans,
Entre-lassans
Le myrthe avec la rose,
Que tous les jours
Pour vos atours,
Un doux Zéphir arrose.

(*Et le dernier Couplet.*)

Tandis qu'accablé de douleur;
Chaque jour déchirant mon cœur,

TÉLAÏRE.

Mon cher Castor,
Vous avez tort....
Le tems & l'amour sont nos maitres.

CASTOR.

Oui, mais ce sont deux grands traîtres.

Permettez au moins quelques pleurs ?
Ah ! ma chere Princesse.

TÉLAÏRE.

Il ne faut pas dans les malheurs
Montrer de la foiblesse :
Le Roi va venir en ces lieux ;
S'il nous voyoit pleurer tous deux ;
Il en riroit,
Vous enverroit
Droit, à Lacédemone,
Et pour jamais.

CASTOR.

Ah ! je m'en vais,
Puisque tout m'abandonne.

(*Il va pour sortir.*)

TÉLAÏRE, *courant après lui.*

AIR : *Quoi, vous partez.*

Vous partez donc ?

CASTOR.

Oui, sans que rien m'arrête.

TÉLAÏRE.

TÉLAÏRE.

Et dans quels lieux porterez-vous vos pas ?
Ah ! vous m'allez faire tourner la tête :
Mon cher Caſtor, je vais vous ſuivre : hélas !

CASTOR.

N'en faites rien ; car votre hymen s'apprête.

TÉLAÏRE.

Ah cher Prince ! .... Je n'y ſurvivrai pas.

## SCENE IV.

POLLUX, CASTOR, TÉLAÏRE; *suite du Roi.*

POLLUX.

AIR : *Sortons d'ici, je me sens tout de flâme.*

RESTEZ tous deux : c'est moi qui vous l'ordonne.
Embrassez-moi, Madame!

TÉLAÏRE.

Oui-dà, Seigneur.

*( Elle l'embrasse. )*

POLLUX.

Castor vous aime..... Eh bien ! je vous le donne.

CASTOR ET TÉLAÏRE, *se jettant à ses pieds.*

Est-il possible ?

POLLUX.

Oui, oui, de tout mon cœur.

✡

AIR : *Je suis Madelon Friquet.*

Je sens tout ce que je perds,
En vous faisant ce sacrifice ;
Je sens tout ce que je perds,
Mais je romps volontiers mes fers.

Vous m'êtes tous les deux fort chers,
Ah! rendez-moi du moins justice,
Que ce trait soit mis en Vers;
Que vos Poëtes divers,
En fassent une belle esquisse;
Que vos Poëtes divers
En instruisent tout l'Univers.

*(En s'adressant au Peuple.)*

AIR: *Fanfare de Saint-Cloud.*

Vous qui prépariez des fêtes
Pour l'hymen de votre Roi,
Laissez ces fleurs sur vos têtes
Comme si c'étoit pour moi.
Quand je cede ma maitresse,
Et triomphe de mon cœur,
De Castor, de la Princesse,
Chantez bien haut le bonheur.

## *DIVERTISSEMENT.*

*(L'on danse.)*

## UNE SPARTIATE.

AIR : *Accourez Nymphes Printannières.* (Noté à la fin.)

C'eſt pour le coup que ta victoire,
Dieu d'Amour
Triomphe en ce jour.
Tu peux te vanter que ta gloire
Eſt immortelle en ce ſéjour ;
Et puis c'eſt qu'en effet jamais,
Jamais, jamais,
Jamais, jamais,
Tu ne lanças de ſi beaux traits ;
Non, non, jamais,
Jamais, jamais,
De ſi beaux traits...

✿

C'eſt pour le coup que ta victoire,
Dieu d'Amour
Triomphe en ce jour.
Tu peux te vanter que ta gloire
Eſt immortelle en ce ſéjour.

✿

## UNE SPARTIATE.

AIR : *Eh! mais oui-dà.*

Dans le ſiècle où nous ſommes,
L'on voit avec plaiſir
Qu'il eſt encor des hommes,
Maîtres de leur deſir.

Eh! mais oui-dà,
Comment peut-on trouver du mal à çà?

Céder un Diadême,
Eſt un rien, un bibus;
Mais céder ce qu'on aime;
Ce ſont là des vertus.
Eh! mais oui-dà,
On ne peut pas trouver du mal à çà.

Il fut pourtant un pere,
Qui, par un ſot avis,
Mit une épouſe chere
Dans les bras de ſon fils.
Eh! mais oui-dà;
C'eſt un ſuperbe exemple que cela.

Encor pourroit-on croire,
Qu'ayant pû s'en laſſer,
Il mit un peu de gloire
A s'en débarraſſer.
Eh! mais oui-dà,
On ne peut pas trop expliquer cela.

(*L'on danſe.*)

## SCENE V.

*L'on entend un grand bruit d'armes blanches; Lyncée paroît à la tête de quatre Spadassins, armés de pied en cap avec des Cottemailles & des Casques.*

### LYNCÉE, CASTOR, POLLUX, TÉLAÏRE.

LYNCÉE.

AIR: *Mon papa toute la nuit.*

PASSEZ de ce côté-là,
Et saisissez à vous quatre
La Princesse que voilà;
Et quand on devroit vous battre,
Enlevez, enlevez, enlevez-là,
Tandis que je vais combattre;
Enlevez, enlevez, enlevez-là,
Partez, on vous soutiendra.

✣

*Les quatre Champions vont pour enlever Télaïre qui se débat. Castor & Pollux & vingt Combattans mettent l'épée à la main en criant.*

UN COMBATTANT, *au Roi.*

AIR : *Courons, courons aux armes.*

Courons,
Courons
Aux armes.
Pour votre Majesté,
Il n'est point de sûreté.
Courons,
Courons
Aux armes.

TÉLAÏRE, *se portant avec effort vers Castor, qui se débat avec Lyncée.*

Où courez-vous? Castor arrêtez :
Dieux, quels ennemis
Sont assez hardis
Pour nous causer ces allarmes?

CHŒUR DE COMBATTANS, *dans le combat.*

Tue, tue, tue, tue, tue.

TÉLAÏRE, *éplorée.*

Castor, que fais-tu?

POLLUX, *voyant tomber Castor.*

Ah! mon frere est perdu.

(*A sa suite avec fureur.*)

AIR : *Jardinier ne vois-tu pas.*

Secondez tous promptement
Ma juste impatience ?
Castor expire à l'instant ;
Venez morbleu, tirons-en
Vengeance,
Vengeance,
Vengeance.

CHŒUR DE COMBATTANS, *avec fureur.*

Allons morbleu, tirons-en
Vengeance,
Vengeance,
Vengeance.

(*Ils sortent.*)

*Fin du premier Acte.*

# ACTE II.

*Le Théâtre représente une Place publique. L'on voit au milieu un Piédeſtal élévé ſur des gradins, & entouré d'une grille.*

## MARCHE PROCESSIONNELLE

*faiſant trois fois le tour de la Place.*

---

MUSIQUE *lugubre en crêpes & en manteau noirs.*

SIX SOLDATS *en caſques, armes baiſſées & en crêpes tombans.*

SIX FEMMES *en blanc, queue trainante avec des voiles noirs.*

SIX HOMMES *en manteaux longs blancs, portant des flambeaux.*

UN TIMBALLIER *à cheval & en noir.*

DEUX TROMPETTES, *ſonnans d'une façon lugubre avec des crêpes aux trompettes.*

SIX HOMMES *à cheval & en manteaux longs, portés par des petits garçons en noir.*

TROIS HERAULTS D'ARMES, *portant les honneurs, l'un un bouclier, l'autre une couronne.*

LA STATUE DE CASTOR, *en grand & en caſque, portée par quatre Soldats.*

UN HERAULT D'ARMES, *portant un caſque.*

UN SECOND, *portant un ſabre.*

SIX SOLDATS, *armes baiſſées.*

SIX FEMMES, *comme les premieres.*

SIX HOMMES, *à cheval comme les premiers.*

DEUX TIMBALLIERS.

DEUX TROMPETTES.

QUATRE SOLDATS *fermans la Marche.*

*L'on va poſer la Statue, tout le cortége ſe range autour.*

*Couplets chantés par les Pleureuses pendant la Marche.*

UNE PLEUREUSE.

AIR : Noté à la fin.

Pleurez filles de la Grece,
Pleurez ce Héros charmant ;
Tendre & malheureux Amant,
Il se bat pour sa Maitresse ;
Il meurt en la défendant :
Ah ! l'on n'est pas plus galant.

(*Chœur répétant les derniers Vers.*)

✣

Pleurez filles de la Grece,
Pleurez ce Héros charmant :
Il n'est plus qu'un monument.
Dans les bras de la Princesse
Ç'eut été bien différent,
Ç'eut été bien différent.

(*Chœur répétant les derniers Vers.*)

✣

AIR : *Que ne suis-je la fougere.*

La faulx du tems qui moissonne
Tout dans ce vaste Univers,
N'épargna jamais personne
Dans aucuns mondes divers.
Le pauvre qu'un chaume couvre,
Meurt sous ses rustiques toits,
Et la barrière du Louvre
Ne garantit pas les Rois.

✣

## SCENE PREMIERE.

UN HERAULT D'ARMES, *monté ſur un Eſtrade, chante lugubrement.*

AIR : *D'un Opéra.* Noté à la fin.

CASTOR eſt mort ! ....

CHŒUR DE PSALMODISTES.

Dieux que d'allarmes ! ....

LE HERAULT.

Caſtor eſt mort !

CHŒUR.

Coulez nos larmes :

LE HERAULT.

Caſtor eſt mort !

CHŒUR.

Funeſte ſort !

✧

UNE PLEUREUSE *s'avançant au milieu.*

AIR : *Une Bergere qui ſçait charmer.*

Douleur amere,
Cris ſuperflus,
Regret ſincere,
Caſtor n'eſt plus.

CHŒUR *répétant ces quatre Vers.*

LA PLEUREUSE.

Triste victime,
Terrible jour ;
Ah ! tout son crime,
Ne fut que d'Amour.

CHŒUR *répétant le quatre premiers Vers.*

LA PLEUREUSE *s'adressant à l'Amour & levant les bras au Ciel.*

Toi qui rends
Par fois les Amans,
Dieu cheri
Rends moi celui-ci.

(*Et tout de suite avec le Chœur.*)

✿

AIR : *Si tu voulois charmante brune.*

Si tu voulois ici, chacune
Ce soir, au clair de la lune,
T'offriroit le plus pur encens.
Si tu voulois, &c.

LE CHŒUR *répéte & chante en accompagnant la Pleureuse, & en répétant les unes après les autres.*

Si tu voulois . . . .
Ce soir, au clair de la lune, &c.

✿

LE HERAULT *dans sa tribune.*

AIR : *Charmante Gabrielle.*

Très-haut, très-puissant Prince,
Castor dans ce cercueil
Fait dans cette Province,
Prendre aujourd'hui le deuil.
Il avoit du mérite,
Bien des vertus...
D'un Eloge on est quitte,
Sans dire plus.

UNE PLEUREUSE.

*Même Air.*

De même qu'une rose,
Qui vient de se flétrir,
A peine encore éclose
Dans les bras du Zéphir.
De même de sa vie
Le plus beau jour,
Sous les coups de l'envie,
Fuit sans retour.

LE CHŒUR *répéte le dernier refrain.*

*Ensuite avec une emphase Prophétique.*

AIR: *Vive Louis, vive le bon Henri.*

Qu'à nos allarmes
Succède un doux espoir.

CHŒUR *répétant chaque strophe.*

Séchons nos larmes,
Il viendra nous revoir.

CHŒUR.

Et parons ses armes
De cet ornement noir.

✿

*L'on pare la Statue de festons & de guirlandes noires; après quoi toute la Marche recommence pour s'en aller.*

## SCENE II.

**TÉLAÏRE** *accourt, elle eſt vetue d'un grand manteau noir à queue trainante avec un voile.*

AIR: Noté à la fin & qu'elle chante ſur un ton traîné & lugubre.

IL eſt mort,
L'objet le plus aimable!...
Il eſt mort,
Caſtor, mon cher Caſtor!
Il eſt mort,
J'en ſuis inconſolable!
Il eſt mort!

(*Elle s'avance au Parterre.*)

Meſſieurs, plaignez mon ſort?

Mon funeſte Amour,
Lui fait perdre le jour;
Dans une heure ou deux,
Nous étions heureux....

On

Où trouverai-je un Amant ſemblable,
Puis-je vivre après ce coup affreux?

*(Elle va ſe jetter ſur les gradins de la Statue en ſe déſolant.)*

Non, je ne puis,
Je languis,
Tout m'accable.

✿

De mes douleurs,
Dieux vengeurs,
Je me meurs.

*(Elle ſe réleve & revient au Parterre.)*

Il eſt mort,
L'objet le plus aimable!
Il eſt mort,
Caſtor, mon cher Caſtor!

✿

AIR: *Tu croyois en aimant Colette.*

Aſſaſſiner ce pauvre Prince,
Sans lui donner même l'inſtant
D'écrire un mot dans ſa Province;
Hélas! c'eſt être bien méchant.

AIR : *Je m'éloigne vainement de cette fontaine.*

Ah! si pour moins m'affliger,
Je trouvois encore
Ici de quoi me loger,
Devançant l'Aurore.
J'irois chanter,
Répéter :
Prince je t'adore!
Prince je t'adore!

AIR : *Les plus belles vous font la Cour.*

Mais il n'importe, j'y viendrai,
Tous les jours j'y promenerai,
J'y veillerai,
J'y resterai
Auprès de son image;
Oui, cher Prince, je te verrai,
Ne pouvant davantage.

(*Elle va pour sortir.*)

## SCENE III.

### PHEBÉ, TÉLAÏRE.

PHEBÉ *arrive en chantant.*

AIR : *Nanon dormoit sur la fougere.*

QUAND une femme est en colere,
Tout d'un coup la tête s'en va,
Et je le plains, mon cher beau-frere.

(*En le voyant sur le Piédestal.*)

Mais le voici ..... mais le voilà,
Il a toujours bien bonne mine,
Il ne demeurera pas là....,
Il reviendra,
Il reviendra,
Et ma Cousine,
Proserpine,
Me le rendra,
Me le rendra;
J'ai des moyens sûrs pour cela.

✧

(*A Telaïre en pleurs qui veut fuir.*)

AIR : *Toujours seule disoit Nina.*

Où courez vous si promptement ?
Ecoutez moi, Madame.

TÉLAÏRE.

Je vais suivre l'enterrement,
De l'objet de ma flamme,
Je lui dois ce triste devoir.

PHEBÉ.

Quoi, déja vous êtes en noir?
Vous n'étiez pas sa femme.

TÉLAÏRE.

Hélas!
Non vraiment; mais,
Tout était
Prêt.

AIR: *Au bord d'un clair ruisseau.*

Ce n'est que par vos coups,
Que l'Amant le plus tendre...

PHEBE.

Je ne puis le comprendre,
C'est un transport jaloux.
Mais s'il faut parler net,
Devions nous nous attendre
Qu'il n'eut sçu se défendre,
Beaucoup mieux qu'il n'a fait.

TÉLAÏRE.

AIR : *Là haut sur ces montagnes.*

Ceſſez, ceſſez, Madame,
D'accroître ma douleur;
Ainſi point d'Epigramme,
Reſpectez mon malheur!
Quand on perd ce qu'on aime,
L'on a bien du ſouci.

PHEBÉ.

Je le ſens par moi-même,
Car je l'aimois auſſi.

AIR : *Reçois dans ton Galetas.*

C'eſt aſſez déraiſonner,
En deux mots voici l'affaire :
Voulez-vous l'abandonner?

TÉLAÏRE.

Hélas! s'il peut voir la lumiere....
Et quoiqu'il me ſoit ſi cher;
J'y conſens....

PHEBÉ.

Je vais le chercher,
Il ſuffit, je vais le chercher.

## SCENE IV.

POLLUX *à la suite*, TÉLAÏRE, PHEBÉ.

POLLUX.

AIR : *De Catinat.*

CONSOLEZ-VOUS, Madame, j'ai vengé Castor;
Son assassin n'est plus.

PHEBÉ.

Voyez le bel effort;
Ah! quand un immortel,
Veut se battre en duel,
Sire, il a si beau jeu,
Qu'il doit s'en vanter peu.

✲

POLLUX.

AIR : *Je n'ai que dix ans.*

Puisque le destin,
Nous prive enfin
De ce cher frere,
Si mon tendre cœur....

TÉLAÏRE.

Ah! Monseigneur,
C'est trop d'honneur.
Avec vous trop sincere,
Pour vous promettre du retour,
Croyez-moi, faites taire
Un inutile amour!

POLLUX.

Puisqu'il est ainsi,
Prendre un parti,
M'est nécessaire;
De tant de vertus,
Je suis confus,
N'en parlons plus.

AIR: *Ne v'là t'il pas que j'aime.*

Tenez!... j'imagine un moyen;
Jupiter est mon pere,
Pluton, mon oncle; il faudra bien
Qu'ils me rendent mon frere.

TÉLAÏRE.

AIR : *Printems dans nos boccage.*

Ah, Seigneur ! Ah, mon frere !
Cette tendre pitié
Vous rendra sur la terre
Le Dieu de l'amitié.
L'on dira par-tout :
Oh, le bon Prince ! Ah, le bon frere !
On dira par-tout :
C'eut été le meilleur époux....
Oh, Seigneur ! Ah, mon frere !
Cette tendre pitié
Vous rendra sur la terre
Le Dieu de l'amitié.

AIR : *La mort de mon cher Pere.*

Et puis, quel trait de flâme ?
Combien d'esprits follets
Vont égayer votre âme
Par de pareils bienfaits.
En servant l'innocence,
Vous serez l'innocent,
Est-il de jouissance ?....

POLLUX.

Adieu, ma chere enfant.

✿

AIR : *Nous jouissons dans nos hameaux.*

Me voilà décidé, ma foi,
Je vais à tous les Diables.

TÉLAÏRE.

Mais n'aurez-vous pas peur ?

POLLUX.

De quoi ?

TÉLAÏRE.

Des Spectres effroyables !

POLLUX.

Qui, moi ? .. Je ne craindrai cela
Pas plus que la chimère,
Et de cette main, que voilà,
J'enchaînerai Cerbere.

(*Il sort.*)

## SCENE V.

### TÉLAÏRE, *seule.*

AIR : *Il est gen, gen, gen; il est ti, ti, ti.*

AH! que ce Prince est charmant,
Et qu'il a de courage;
Je l'aimerai bien vraiment
Après ce voyage;
Il fait tout ce que je veux....
Oh! voilà des amoureux?
Il est gen, gen, gen,
Il est ti, ti, ti,
Il est gen,
Il est ti,
Il est gentil comme
L'Auteur qu'on renomme *.

* Gentil Bernard.

## SCENE VI.

TÉLAÏRE.... POLLUX *rentrant ſur la Scène.*

AIR : *Stila qu'à pincé Berg-op-Zoom.*

ICI je reviens tout exprès,
Ici je reviens tout exprès;
Jupiter trouvera mauvais,
Jupiter trouvera mauvais
Que je ſuive mon entrepriſe,
Sans qu'auparavant je l'inſtruiſe.

✿

### TÉLAÏRE.

AIR : *Pan, pan, pan.*

Voici ſon appartement:
Allez frapper à la porte.

### POLLUX.

C'eſt penſer fort ſenſément;
Je n'y ſerai qu'un moment.

(*Télaïre ſort.*)

POLLUX *frappant à la porte du temple.*

Pan, pan, pan, pan, pan, pan, pan.

UNE VOIX *en dedans du Temple.*

Qui frappe donc de la ſorte ?

POLLUX *redoublant.*

Pan, pan, pan, pan, pan, pan, pan.
Ouvrez, ouvrez promptement ?

## SCENE VII.

*Le Temple s'ouvre.*

UN GRAND PRÊTRE *de Jupiter & autres.*

AIR : *Des folies d'Espagne.*

QU'EST-CE Seigneur ? Ah ! daignez-nous apprendre....

POLLUX.

Je veux, Messieurs, parler à Jupiter :
Je n'ai, je pense, aucun compte à vous rendre.

LE GRAND PRÊTRE.

Entrez, Monsieur, vous n'avez qu'à rester.

## SCENE VIII.

*Les deux Battants s'ouvrent ; on voit Jupiter dans l'enfoncement assis dans une gloire, une Aigle sous ses pieds.*

### POLLUX, UN GRAND PRÊTRE.

POLLUX *se mettant à genoux.*

AIR : *Je viens devant vous.*

JE viens devant vous
A deux genoux,
Je viens mon pere....
Demander Castor,
Que j'aime encor,
Quoiqu'il soit mort.

(*Il tonne.*)

N'entends-je pas des coups de tonnerre ?
Je crois qu'il éclaire....
Je meurs de frayeur....

LE GRAND PRÊTRE.

N'ayez pas peur ?
C'est l'ordinaire,
Votre bon papa
A l'Opéra,
Fait ce bruit là.

*Il reſte dans le Temple avec Jupiter. Les Prêtres ſortent, & la porte ſe ferme.*

LE GRAND PRÊTRE, *au milieu des autres qui ſe rangent en deux files.*

AIR : *Voilà mon verre par terre.*

Çà, mettons-nous en priere ;
Voici le Maître des Dieux,
C'eſt par des coups de tonnerre
Qu'il s'annonce dans les Cieux ;
Qu'il s'annonce ſur la terre,
Terre,
Terre,
Qu'il s'annonce ſur la terre
Et dans tous lieux.

*Il alligne les Prêtres, les redreſſe & remonte à ſa place.*

AIR : *Point de bruit.*

Frémiſſons,
Que tout tremble !
Inclinons
Nous tous enſemble,

(*Ils tombent comme des Capucins de cartes.*)

Levez-vous ?
Au délire
Qui m'inſpire,
Livrons-nous.

AIR : *La Turque qu'ils danſent.*

Danſons,
Danſons,
Danſons.

*DANSE des Prêtres à la manière des Derviches, en faiſant trois ſauts ſuivant l'Air, l'un après l'autre.*

UN PRÊTRE, *ſortant du Temple, crie à haute voix.*

Jupiter, Meſſieurs. . . .

SCENE IX.

# SCENE IX.

## JUPITER, POLLUX.

### JUPITER.

AIR : *Confiteor.*

DANS les Cieux, plus haut même encor,
Mon fils, ta voix s'est fait entendre;
Je savois la mort de Castor,
Je voudrois pouvoir te le rendre;
Mais tu me crois bien plus puissant,
Que je ne suis, mon cher enfant.

AIR : *Pour soumettre mon ame.*

Quand j'eus par mon courage,
L'Empire de l'Univers;
Neptune eut en partage
La Mer, Pluton les Enfers....

### POLLUX.

Seigneur, j'ai lû dans Virgile,
Précisément tout cela.

### JUPITER.

Je te trouve fort habile
D'avoir lû ce livre là.

✿

AIR : *Filles qui passés par ici.*

Je ne vois que l'expédient
De rester à sa place.

POLLUX.

Le sacrifice est un peu grand,
Il aura plus de grâce, vraiment;
Il aura plus de grâce.

AIR : *Quand on a prononcé ce malheureux oui.*

Je ne puis sans Castor vivre, quoi que l'on dise!

JUPITER.

Et tu veux donc encor faire cette sottise?

POLLUX.

J'en ai fait de plus grande.....

JUPITER.

Oh! je le sçavois bien,
Et c'est pour ton honneur que je n'en disois rien.

AIR : *Entre l'amour & la raison.*

Tu le veux donc absolument,
Fais à ta fantaisie?
Je t'enverrai dans le moment,
Un flacon d'Ambroisie.

Mais avant de quitter ces lieux,
Puiſque rien ne t'étonne,
Pour t'égayer les Ris, les Jeux,
Vont danſer la Bretonne.

(*Jupiter s'en va.*)

# SCENE X.

*Les Ris, les Jeux, les Plaiſirs viennent pour enchaîner Pollux avec des guirlandes de fleurs. Trois Grâces l'entourent.*

## UNE GRACE.

AIR : *Faites dodo, cher petit Prince.*

OU courez-vous?
Jeune & beau Prince :
Où courez-vous?
Etes-vous fou?
A-t-on jamais vu quitter ſa Province,
Pour s'en aller courir le Loup-garou?
Où courez-vous?
Jeune & beau Prince :
Où courez-vous?
Etes-vous fou?

UNE 2e. GRACE.

Vous avez les bras beaux, la taille mince,
Mettez-vous en train, dansez avec nous.
Où courez-vous ?
Jeune & beau Prince :
Où courez-vous ?
Rien n'est si fou.

*Les Plaisirs écartant les Graces.*

UN PLAISIR.

AIR : *De la Bretonne.*

C'est ici l'aimable asyle
Des Plaisirs, des Ris, des Jeux.

POLLUX.

Je n'ai pas l'esprit tranquile.

UN PLAISIR.

Vous chantez pourtant au mieux.
Mi, mi, fa, ré, mi,
Chantez mon ami ;
Mi, mi, fa, ré, sol,
Comme un Rossignol.

## UN 2e. PLAISIR.

*Même Air.*

Vous allez, mon Gentilhomme,
Dans un bien vilain pays,
Et vous ne ſçavez pas comme
Vous reviendrez par ici.
Mi, mi, fa, ré, mi,
Chantez mon ami;
Mi, mi, fa, ré, ſol,
Comme un Roſſignol.

✣

## UN 3e. PLAISIR.

*Même Air.*

Voyez ces aimables Filles
Autour de vous s'empreſſer?
Elles ſont aſſez gentilles,
Laiſſez-les vous embraſſer.
Mi, mi, fa, ré, mi,
Chantez mon ami,
Mi, mi, fa, ré, ſol,
Comme un Roſſignol.

✣

POLLUX *les regardant avec tendresse, tantôt d'un côté, tantôt de l'autre.*

AIR : *Çà n'me va brin, Çà n'me va brin.*

J'aurois jadis de votre chaîne,
Charmans Plaisirs, serré les nœuds;
Mais aujourd'hui j'ai l'ame en peine,
Et je ne sçais ce que je veux.
Aux Enfers l'amitié m'entraîne,
Rien ne m'amuse.... & tout me gêne;
Quelques soient vos attraits enfin;

(*Il rompt les guirlandes & s'échappe.*)

Tout çà n'me va brin,
Çà n'me va brin.

*Fin du deuxième Acte.*

# ACTE III.

*Le Théâtre répréſente un antre noir, d'où il ſort des flammes du côté droit ſéparé par un ruiſſeau qui borde les Champs Eliſées ſur la gauche.*

*La Caverne eſt ſurmontée par une pyramide de Diables, ſous toutes ſortes de figures, qui tiennent les lanternes ſourdes, avec leſquelles il font alternativement le jour & la nuit.*

*Elle eſt gardée par un gros chien.*

*Tous les Acteurs précédens, & de plus;*

PLUTON.

MERCURE.

M. TRIFAUCET, *premier Chanteur du Concert de Pluton.*

CHŒUR DE DIABLES.

OMBRES.

*La Scène eſt aux entrées de l'Enfer, & dans les Champs Eliſées.*

## SCENE PREMIERE.

### PHEBÉ, CHŒUR DE DIABLES.

PHEBÉ *aux Démons.*

AIR: *Ah! le bel oiſeau Maman.*

VOUS qui ſans le faire exprès,
M'avez fait Magicienne,
Vous qui ne chantez jamais
De Muſique Italienne;
Vous qui cherchant du nouveau,
Avez négligé la mienne....
Meſſieurs, allez chez Rameau
Me faire écrire....

UN DIABLE.

Ah! bravo.

✠

PHEBÉ.

AIR: *Quand tu battras la retraite.*

Mais je ſens que je m'égare,
Et qu'un accès de fureur
De mes facultés s'empare;

Auriez-vous quelque Chanteur,
Dont l'extravagant délire,
Sans avoir le sens commun,
Put au moins me faire rire ?

UN DIABLE.

Nous en avons cent pour un.

M. TRIFAUCET.

AIR : *La queue du Chat.*

Voulez-vous sçavoir pourquoi l'on baille,
Aujourd'hui, Madame, à l'Opéra ?
C'est qu'on n'y voit plus que funéraille,
Depuis que Castor s'est fait enterrer là.
Superbes tombeaux,
Prêtres .... couteaux,
Pâles flambeaux,
Tristes lambeaux,
Et des Soldats,
Et des combats,
Et des beaux bras,
Et des éclats ;
Hélas ! Hélas ! ....

(*Il danse, & fait danser Phebé.*)

Voulez-vous sçavoir pourquoi l'on baille,
Aujourd'hui, Madame, à l'Opéra ?
C'est qu'on n'y voit plus que funéraille,
Depuis que Castor s'est fait enterrer là.

Un chétif époux,
Qui devient fou
Pour ſa moitié,
Que, par pitié,
La lui rendant,
On lui reprend,
Et qui gémit....
Vous attendrit....
Et qui vous dit....

(*Il danſe.*)

Rendez-moi, Meſſieurs, rendez-moi ma femme;
Soyez ſenſibles à mes malheurs,
C'étoit en honneur la meilleure ame.
Laiſſez-vous, Meſſieurs,
Toucher par mes douleurs.

PHEBÉ *regardant avec une longue lunette.*

AIR : *Pour nous mettre en train.*

Ouvrez vos cachots
Et vos noirs ſoupiranx
Gens infernaux;
Je vois en gros,
Tant de fols, tant de ſots.

Que le nombre effraye.... (*Une pause.*)
Mais cet air m'égaye.
(*Elle se met à danser machinalement.*)
Ta, la, la, la, ta, la, la,
Démons, dansez-moi cela?

(*L'Orchestre joue vivement l'Air, & les Diables se mettent à danser.*)

(*Elle remet en l'air sa lorgnette.*)

Dieux que d'intriguans,
Par de honteux agens,
Petits ou grands,
En peu de tems
Deviennent importans.
Ah! le nombre effraye.... (*Une pause.*)
Mais cet air m'égaye.
Ta, la, la, la, ta, la, la,
Démons, dansez-moi cela?
(*Elle remet sa lunette.*)

Que d'écervellés,
Que de petits Abbés
Au Collisé,
Courent à pié,
Arranger un soupé.

Ah ! leur nombre effraye.... (*Une pause.*)
Mais cet air m'égaye.
Ta, la, la, la, ta, la, la,
Démons, dansez-moi cela.

✿

AIR : *Accourez sur ces bords.*

Que tout céde à mon ardeur,
Que tout céde à ma fureur ;
Je me sens de la valeur,
Jamais femme n'eut tant de cœur.
Enfans désespérés,
Accourez ;
Et vous, vieux forcenés,
Déchaînés,
Avancez les premiers,
Et préparez-moi les sentiers.

(*Mercure & Pollux paroissent.*)

## SCENE II.

PHEBÉ, *allant au-devant de Pollux;*
POLLUX, MERCURE.

PHEBÉ *arrêtant Mercure.*

MERCURE, *en petit manteau, tenant une lanterne à la main & faiſant la révérence à Pollux qui le ſuit.*

AIR : *Allez tendre ailleurs vos panneaux.*

SEIGNEUR, ſi je vais le premier,
C'eſt que je tiens la lanterne ?

POLLUX.

Qu'importe le premier ou le dernier,
Mènes-moi dans la caverne.

PHEBÉ *à Mercure.*

AIR : *Fille qui voyage en France.*

Quoi ? c'eſt le Roi.

MERCURE.

C'eſt lui-même.

PHEBÉ.

Allez vous chercher Castor ?
Songez quel péril extrême.

MERCURE.

Avec vous j'en suis d'accord;
Mais dans la crise,
N'allez pas nous dire encore
Quelque sottise.

✿

CHŒUR DE DIABLES *s'opposant au passage de Pollux & de Mercure.*

AIR : *Le Bal inspire ce charmant délire.*

Arrêtez-vous, fuyez loin de ces lieux ?

MERCURE *levant son caducée.*

Rentrez Démons, rentrez dans l'esclavage,
Respectez le fils du Maître des Dieux.

CHŒUR.

Nous ne pouvons lui livrer le passage :
Arrêtez-vous, fuyez loin de ces lieux ?

MERCURE.

Respectez le fils du Maître des Dieux :
Rentrez Démons, rentrez dans l'esclavage.

✿

POLLUX *met le ſabre à la main.*

AIR : *O Pierre, ô Pierre.*

Défendons la muraille.

POLLUX *en les écartant.*

Faquins, craignez mes coups?
Là bas il faut que j'aille,
Fuyez?... Si-non, je vous....
Canaille, Canaille,
Je vous écraſe tous.

*(Pollux les diſperſe & ſe précipite avec Mercure dans les Enfers.)*

## SCENE III.

*Le Théâtre repréſente les Champs Eliſées. Des Ombres repréſentées ſous la figure de Pierrots & de Perrettes ſe promenent deux à deux.*

CASTOR *environné d'un nuage de Papillons blancs, qu'il écarte de ſon ſouffle.*

AIR : *Quand vous entendrez le doux Zéphir.*

VALLONS charmans,
Séjour du Printems.
(*En regardant paſſer les Ombres.*)
Que j'aime à voir ces Conquérans du monde,
Dans ces beaux lieux,
Paſſer deux à deux,
Dans une paix profonde.

Agamemnon,
Là, ſur le gazon
N'eſt plus ce lion,
La terreur d'Ilion.

Là, d'un œil tranquile,
Hector voit Achille
Sans émotion.

Ces

Ces grands Césars,
Ces superbes Czars,
Et tous ces Fondateurs de grands Empires,
N'ont plus ici
Ce brillant souci,
Ces fastueux délires.

Ici tout rit,
Rien ne contredit;
Personne n'y nuit,
Jamais l'on n'y médit.

Ici, point de brigue;
Pas la moindre intrigue;
Nul besoin de crédit.

Vallons charmans;
Séjour du Printems,
Puisque le sort permet que j'y soupire;
Tous mes plaisirs....
Oui, tous mes desirs....
Seront pour Télaïre.

AIR : *Il étoit une Fille.*

Les filles de Nanterre,
De Sparte & de Lesbos,

Font ici chanter les échos;
C'eſt la même manière,
Mêmes gentils propos,
Pour charmer ces Héros.... Oh!

Air : *Point de bruit.*

Dans les bras
De Maurice,
J'ai là bas
Vû cette Actrice,
Qui, jadis,
Sur la ſcène,
De Melpomène,
Eût le prix.

Ce Vainqueur,
Qui pour elle
Eût un cœur
Infidele,
Et qui, la trouvant ici,
Redevient ſon favori,
Près d'Henri,
Que rappelle
La plaintive Gabrielle,

De Ninon
Prend la lyre,
Et fait rire
Anacréon.

(*Aux Ombres qui l'entourent.*)

AIR : *Allons danſer ſous ces ormeaux.*

Venez danſer autour de moi,
Venez danſer, Ombres légères;
Venez danſer autour de moi,
Je ne puis vous cauſer d'effroi.
Là haut j'aimai la danſe avec excès,
Je ne comptois pas trouver de Ballets
Dans ce ſéjour;
C'eſt un bon tour,
Je crois qu'ici, je ne m'ennuirai guères.

✧

*DANSE gracieuſe des Ombres.*

---

*COUPLETS chantés par une jolie Ombre.*

AIR : *Le Printems qui vit naître.*

C'eſt ici la demeure
Des Héros fortunés....
Les jours ici par l'heure,
Ne ſont point gouvernés.

Sous ces berceaux de roſes,
Sous ces tendres lilas,
Le cœur dit... Le cœur oſe...
L'eſprit ne défend pas.

Dégagé de matière,
Ce cœur toujours brûlant,
Puiſe dans la lumière
Ses feux, ſon doux aimant,
L'ame ici careſſée
Par l'innocent deſir,
Avertit la penſée
D'épurer le plaiſir.

Loin des brillans menſonges,
Couronnés de pavots;
Si quelquefois les ſonges
Nous livrent au repos.
Ils viennent, avec l'âge
Et les traits des amours,
Nous rapporter l'image
Du plus beau de nos jours.

(*Les Ombres danſen*

## SCENE IV.

### POLLUX, CASTOR.

*Il se fait un frémissement dans les Ombres effarouchées.*

POLLUX *entrant sur la pointe du pied comme voulant arrêter les Ombres qui fuient.*

AIR : *Ah! j'ai tout vû.*

DANS ces beaux lieux :
Restez esprits heureux !
Je ne suis curieux
Que par l'ordre des Dieux.
(*Appercevant Castor & se jettant à son col.*)
Que vois-je ? ô Ciel ! Est-ce vous ? Ah ! mon frere,
Mon frere,
Mon frere, } .... *Tous deux en Duo.*
Par quel hasard heureux ?
Mon cher Castor....
Hélas ! depuis ta mort,
Je ne sors,
Je ne dors,
Toujours je plains ton sort.

AIR : *De porter mon premier Bouquet.*

Premièrement, je t'ai vengé
Du perfide Lyncée ;
J'ai, dans ſon ſein même, plongé
Par trois fois cette épée,
Après j'ai ſçu te ménager
Le tendre cœur de la Princeſſe,
Qui ſans ceſſe
Pleure & ne veut changer.

AIR : *C'eſt l'ouvrage d'un moment.*

Mais comme elle ſe déſeſpère,
Fais ton paquet promptement ;
Pour les gages tout uniment,
Je reſterai. . . Vas ſur la terre !
C'eſt l'ouvrage d'un moment.

## CASTOR.

AIR : *Viens dans ma cellule.*

J'irois ſur la terre,
Moi, ſans vous, mon frere
Si c'eſt à ce prix,
Je reſte ici.

POLLUX.

Que veux-tu faire ?

CASTOR.

J'irois ſur la terre,
Moi, ſans vous, mon frere ?
De tant de bonté,
En vérité,
Je ſuis flatté.

POLLUX.

Mais écoute donc
Une raiſon ?

CASTOR.

Je n'entends rien,
Et fais bien.

POLLUX.

Il eſt néceſſaire,
Télaïre.... Hélas !
Se meurt.

CASTOR.

Oh ! c'eſt un autre cas.

*(Sautant au col de ſon frere.)*

Air : *J'allons donc de ma bergere.*

Quoi, je vais de Télaïre
Voir encor les doux attraits :
Ah ! quel moment ? Quel délire ?
Tous mes vœux sont satisfaits.

(*Il court & revient comme par réflexion tenant sa montre à la main.*)

Mais si par hasard, mon frere,
Elle a peur des revenans ?

POLLUX.

Oh, parbleu ! c'est ton affaire ;
Elle appellera ses gens.

(*Il sort & Mercure l'arrête.*)

## SCENE V.

### CASTOR, POLLUX, MERCURE.

MERCURE.

AIR : *M. le Prévôt des Marchands.*

PRENEZ garde au Dieu des filoux,
Messieurs, rempochez vos bijoux,
Et puis finissez par vous taire ?
Jupiter arrive ici-bas....
Je viens d'en avertir son frere,
Qui, ma foi, ne l'attendoit pas.

✣

AIR : *Mineur du Cotillon couleur de rose.*

Il a pris pour venir ici,
Le nom du Baron de Tonnerre.
De l'étiquette libre ainsi,
L'on n'a point d'honneur à lui faire.
Et c'est tant mieux,
Car si les Cieux
Avec lui descendoient sous terre ;
Il feroit jour
Dans ce séjour,
Et vous verriez un plaisant tour.

(*L'on entend l'arrivée de Jupiter & de Pluton, tout le monde court à eux.*)

✿

## SCENE VI.

### POLLUX, CASTOR, JUPITER, PLUTON, MERCURE.

JUPITER *en redingote de voyage avec un paſſe-montagne & un bonnet de courier, uue canne à la main.*

AIR : *Oh! oh! oh! Ah! ah! ah!*

POURQUOI point de lumière,
Dans ces eſcaliers-là ?
Y fait-il toujours, frere,
Auſſi noir que cela ?
Oh! oh! oh!...
Ah! ah! ah!...
Et pourquoi donc n'y voit-on pas.

PLUTON.

AIR : *Amis, ſans regretter Paris.*

Aiſément l'on arrive ici,
La deſcente eſt facile;
Mais pour remonter, mon ami,
Il faudroit être habile.

JUPITER.

AIR : *Que ne ſuis-je la ſougere ?*

Laiſſez-moi reprendre haleine ?
Car j'ai le cœur déchiré ;
Quels ſont ces êtres en peine,
Au bas du premier degré ?

PLUTON.

Ce ſont de ces imbéciles,
Qui voulant braver le ſort,
Soit furieux... Soit tranquiles,
Se ſont procurés la mort.

JUPITER.

Qui ſont ceux que ſur la gauche,
On tourmente à coups de fouets ?

PLUTON.

Ce ſont des gens de débauche,
Morts de plaiſir & d'excès :
Plus loin ce ſont les avares,
Les ingrats,... les envieux.
Ces gredins dans mes ténares,
Sont toujours les plus nombreux.

✿

AIR : *Il faut que je fracasse.*

Mais, mais, pouvois-je croire
Que vous viendriez boire
Avec moi dans ces lieux ?
Ma surprise est extrême ! . . .

JUPITER.

Je le crois bien de même ;
Mais m'y voilà.

PLUTON.

Tant mieux.

JUPITER.

AIR : *Je suis un bon Frotteur.*

Ce qui m'amène ici,
Est tout simple, voici
Le mystère ;
C'est un hasard heureux
Qui de nos neveux
Peut faire deux Dieux.
J'en ai déja fait un,
Cela n'est pas commun ;

Et j'espère
Les faire tous deux;
Car j'ai dans les Cieux
Deux places pour eux.
Or, du cadet,
J'ai bien du regret;
Rendez-le moi, frere;
Rien ne peut mieux
Satisfaire nos vœux.

**PLUTON** *en prenant la main de Jupiter.*

AIR : *Le bon Pere de notre Couvent.*

Je vous le donne ce neveu,
Je vous le donne ce neveu,
Le destin va crier un peu.
N'importe,
N'importe,
Je tiens seul ici les clefs de la porte.

**JUPITER.**

AIR : *De tous les Capucins du monde.*

Dans ces lieux dont l'horreur me glace,
Phebé va venir à sa place;

Mon ami, je t'en fais présent :
Ah ! c'est bien la plus fiere harpie,
Et de quoi faire assûrément
Une quatrième furie.

Pour te faire voir ses chefs-d'œuvres,
Elle animera des couleuvres,
Dont tu peux armer tes lutins ;
Mais déja ton cœur en frissonne.

PLUTON.

Non pas, mon frere, mais je crains
Qu'elle ne me les empoisonne.

CASTOR *sautant au col de Jupiter, de Pluton, de Pollux, de Mercure, & les embrassant avec vivacité.*

AIR : *Des Pierrots.*

Vous me comblez tous de bienfaits ;
Souffrez, mon oncle, mon pere, mon frere,
Vous me comblez tous de bienfaits,
J'en suis pénétré pour jamais,
Je n'ai plus qu'un souhait à faire,
Vous sçavez que j'aime. . . .

JUPITER.

Ce coquin là
Voudroit encor se marier.

CASTOR.

Oui-dà.

PLUTON.

Ah! ah! je voudrois bien voir çà.

JUPITER.

AIR: *La Royale.*

Il me vient
Une idée assez drôle,
Qui pourtant convient
A ma visite folle.
A l'instant,
Oh! la bonne folie,
Par économie,
Qu'ici l'on marie.

PLUTON.

Ah! je t'entends.
J'ai même des fêtes,
Ici toutes prêtes.

(*On voit arriver des quadrilles de Diables.*)

Et les voilà ;
Mercure, allez vîte,
Chercher la petite,
Amenez-là.

(*Mercure ſort pour aller chercher Télaïre, pendant le Divertiſſement.*)

## DIVERTISSEMENT.

SCENE VII.

## SCENE VII & *dernière.*

### CASTOR, POLLUX, TÉLAÏRE, JUPITER, PLUTON, MERCURE.

*Mercure amène Télaïre.*

TÉLAÏRE *qu'on ne voit pas.*

AIR: *Ah! j'ai grand peur.*

OU ſuis-je ? Hélas ! Quelles horreurs ?
Ah ! je me meurs :
Ah ! j'ai grand peur !

MERCURE.

Ne craignez rien, mon petit cœur.

TÉLAÏRE.

Ah ! j'ai grand peur :
Ah ! je me meurs.

✿

MERCURE *en amènant Télaïre ſur la Scène.*

AIR: *Eh! allons donc, Mademoiſelle.*

Eh ! allons donc, Mademoiſelle,
Vous faites bien des façons ;

F

Quand l'amour vous tient l'échelle,
Vous avez peur des Démons :
Eh ! allons donc, Mademoiſelle,
Vous faites bien des façons.

TÉLAÏRE *appercevant Caſtor qu'elle embraſſe.*

AIR : *Ah ! Maman.*

Ah ! Caſtor :
Ah ! Caſtor,
Et vîte que je t'embraſſe ?
Ah ! Caſtor :
Ah ! Caſtor,
Je croyois te trouver mort.

CASTOR.

Ma Princeſſe, l'on m'a fait grâce,
Je renais, & revis pour vous encor.

TÉLAÏRE.

Ah ! Caſtor :
Mais, mais.... Tu n'es donc pas mort

CASTOR *venant de l'embrasser.*

AIR : *Gentille Pastourelle.*

De Vénus tendre fille,
Mere du doux plaisir,
Quand ta bouche gentille
S'entrouvre à mon soupir,
Du cercle qu'il embrasse
Ardent à s'embrâser,
Mon cœur franchit l'espace,
Pour prendre ton baiser.

Ce baiser dont la flâme,
Compose mes esprits,
Compose aussi mon ame,
Par lui... pour toi... je vis...
Ah! quelle apothéose,
De me voir transporté
Sur tes lèvres de rose,
A l'immortalité.

PLUTON *caressant Télaïre & la regardant amoureusement.*

AIR : *Babet que t'es gentille.*

Je ne le blâme pas;
Car elle est fort gentille.

TÉLAÏRE.

Seigneur.... mon embarras.

PLUTON.

Remettez-vous ma fille,
Castor immortel....

TÉLAÏRE *faisant la révérence.*

Me plaira bien tel.

PLUTON.

Je le crois, bien ma mie....
Il va devenir ton époux.

POLLUX.

Et moi, je n'en suis pas jaloux....

TÉLAÏRE *faisant la révérence à tout le monde.*

Mais, Messieurs, vous me charmez tous ;
Je vous
En remercie....
Je vous
En remercie.

## *DIVERTISSEMENT GÉNÉRAL.*

PLUTON *chante les Couplets alternativement en danſant chacun en ronde.*

AIR : *Joli mois de Mai.*

Venez faire carillon,
Vous que je tiens en cage ;
Vous n'avez pas vû Pluton
Danſer encor, je gage....
Haut le pied, Démons ;
Danſons tous des cotillons ?

(*L'on danſe.*)

✥

(*A Jupiter.*)

Tu m'as l'air d'un beau danſeur,
Toi qui tiens le tonnerre :
Çà, ne fais pas le Seigneur,
Viens danſer auſſi, frere.
Haut le pied, Baron ;
Viens danſer un cotillon ?

(*L'on danſe.*)

✥

Pour célèbrer tes Gémeaux,
Je fais de bonne grâce
Des entrechats & des ſauts ;
Mais que chacun en faſſe:

Haut le pied, Démons ;
Dansons tous des cotillons ?

*( L'on danse. )*

✤

Qu'à l'Hymen de mon neveu,
Tout l'Enfer applaudisse ;
Démons mettez tout en feu,
Et que ceci finisse.
Haut le pied, Démons ;
Allumons
Nos lampions ?



✤

*Le tout finit par un beau Feu d'Artifice.*

---

J'ai lû par ordre de M. le Lieutenant-Général de Police, *LES GÉMEAUX*, Parodie de *Castor & Pollux*, & je n'y ai rien trouvé qui doive en empêcher la représentation ni l'impression. A Paris, ce 17 Mars 1777.

CRÉBILLON.

*Vû l'Approbation, permis de représenter & imprimer. A Paris,* ce 18 *Mars* 1777.

LE NOIR.

---

De l'Imprimerie d'ANDRÉ-CHARLES CAILLEAU, rue Saint-Severin.

# *ERRATA.*

*Page* 15, *premier Vers*, J'établirai pour le prouver, *lisez*, J'établis pour le démontrer.

*Page* 17, *dernier Vers*, Ah cher Prince!.. Je n'y survivrai pas; *lisez*, Non, non, Castor!.. Je n'y survivrai pas.

*Page* 20, *au lieu du quatrième & cinquième Vers*, *lisez*;

Et c'est le plus beau trait d'histoire
A raconter dans ce séjour.

*Page* 40, *supprimez le dernier Couplet*, Et puis quel trait de flâme? &c.

*Page* 46, *au lieu du septième & huitième Vers*, *lisez*;

J'entends, je crois, des coups de tonnerre;
Mais, mais, il éclaire....

*Page* 71, *dixième Vers*, *au lieu de* Et fais bien, *lisez*, Et je fais bien.

www.ingramcontent.com/pod-product-compliance
Ingram Content Group UK Ltd.
Pitfield, Milton Keynes, MK11 3LW, UK
UKHW020345180726
13839UKWH00002B/924

9 782329 476056